À LA
CHAMBRE DES PAIRS.

PATRIE, PAIRIE.

> Gare aux membres de la pairie, soit anciens, soit nouveaux ! Quelle pénible et stérile lutte ! quel vain emploi du talent et du renom ! quelle perte sèche de soins et d'efforts !
>
> Pas même de gloire ! car en ce siècle, nul n'estime, n'honore, ne vénère, trop certain de ne jamais rencontrer quelqu'un qui lui rende la pareille. (*La Pairie jugée par les Pairs.*)

PARIS,
A. PIHAN DELAFOREST,
IMPRIMEUR DE LA COUR DE CASSATION,
rue des Noyers, n° 37.
1831.

« On a proposé de confier le soin de former une candidature, aux conseils-généraux électifs, en les réunissant aux chefs-lieux des cours royales. » (*Rapport de la commission.*)

Ces précieuses paroles viennent apporter la preuve qu'à son insu, l'esprit humain est en marche; viennent montrer le signe qui trace et marque la carrière ouverte devant ses pas.

Ainsi les temps s'annoncent, bien que de loin : le jour approche où il sera pleinement et généralement compris :

Qu'à l'égard du rétablissement des provinces, la lutte est entre la patrie qui ne vivra pas avant, et un parti tel quel, qui craint de périr alors;

Que dans la vérité, cette institution étant de nature conservatrice et consolidatrice, tend à maintenir tout pouvoir existant;

Qu'à son aide, l'antique royauté aurait été préservée, si l'homme de malheur s'était jugé de force à s'occuper des conditions sociales;

Et de même que la monarchie nouvelle serait protégée, si le cabinet d'ordre et de paix se croyait en puissance de diriger, de dominer le mouvement anarchique.

Le jour approche où il sera vivement et progressivement senti :

Que la centralisation ou le despotisme administratif est inévitable dans le chaos actuel de la société ;

Que la bureaucratie, fatale au chef et aux membres de l'État, ne peut être extirpée que par l'action libre et large des provinces ;

Que le système naturel des états provinciaux, masqué et honni sous le nom de fédéralisme, doit venir à l'appel de la liberté, à l'appui de l'ordre;

Et qu'alors les révolutions à la minute ne s'opéreront plus; qu'alors aussi les formes politiques quelconques importeront peu.

Toutes choses que le talent aurait à faire valoir, que le temps mûrira à défaut, que les crises accompliront au refus.

(*La Vérité politique.*)

Souveraineté héréditaire, ou omnipotence parlementaire, ou insurrection populaire, ou rébellion militaire !

L'une ou l'autre, et nulle autre.

Car quoiqu'en disent de bonne ou de mauvaise
foi, et les journaux, et les écrivains des deux op-
positions, en pratique, à l'exercice, la souveraineté
nationale est une chimère.

Il y a à faire choix, encore dans l'idée, et souvent qu'en idée : car la chance matérielle se joue,
de la certitude intellectuelle.

Un mot suffit. A travers le chaos des hasards,
en suspens sur les bords de l'abyme, de nécessité,
il surgit une force absolue.

Soit qu'elle ait été au préalable, ou formelle-
ment ou traditionnellement entendue, et du
moins, sous-entendue.

Soit qu'à défaut des lois expresses, au mépris
des coutumes anciennes, en dépit des vœux contraires, elle naisse à l'improviste.

Veut-on s'épargner la survenance de l'insurrection des peuples et de la rébellion de l'armée,
il faut admettre, ou la souveraineté de la couronne, ou l'omnipotence des pouvoirs.

Or, de ces quatre sources où gît *in petto*, d'où
jaillit *ex abrupto*, la force absolue, il en est deux

qui la vomissent brute et brutale, et seulement apte à dévorer tout d'abord, puis à se dévorer elle-même.

Quant à la première source, si ce n'est à jamais, au moins pour long-temps, elle est tarie.

Reste seule l'omnipotence parlementaire.

Cependant, au sujet de la pairie, on met en avant le pouvoir constituant.

Mais, en thèse générale, le pouvoir constituant ne peut émaner, ne doit procéder, que d'une convocation formelle et solennelle, que d'une élection opérée sur des bases larges.

Sans dire comment sous ce mode, ni la liberté et l'égalité, ni la vérité et la sincérité des votes, nul de ces caractères ne se présente.

Et dans le fait spécial, il est faux que la Chambre des députés l'ait exercé au mois d'août.

« La chambre n'a eu d'autre tâche que de reconnaître l'existence du fait et de se soumettre à sa puissance.

« La nation même, n'aurait eu d'autre charge que d'accepter l'arrêt de la fatalité, à regret ou à plaisir.

. . . .

« Le prince depuis peu installé sur le trône, aurait à répondre à l'impertinente, à l'inconséquente exclamation des Débats : *Qui vous a fait roi ?* »

« Ni vous, ni eux, ni personne! rien par les hommes! le sort, le destin, les dieux inconnus, la fatalité, la force majeure ! L'un ou l'autre, à votre gré ! » (*De la Chambre inamovible*).

Tout simplement, la puissance du fait s'était montrée indomptable, inexorable.

Tout naturellement, le pouvoir de fait avait énoncé, avait annoncé ses prescriptions (1).

---

(1) Qu'on remarque que tout ce qui était dans les vœux des hommes au mois de juillet, n'aurait pu amener aucun résultat favorable.

Charles X, après le retrait des ordonnances, avec un ministère de la gauche, se serait trouvé comme Ferdinand au milieu des Cortès.

S'il eût abdiqué, M. le Dauphin se serait trouvé dans une position tout aussi funeste.

La régence, avec M. le duc d'Orléans et une majorité fixée à 21 ans, est une position que tout le monde a jugée.

La régence de madame la duchesse de Berri, dans l'état où se trouvait alors l'opinion, et en face d'un premier prince du sang qui aurait eu le droit de revendiquer une haute influence dans le gouvernement, n'aurait produit, avec la Charte octroyée, les 221, la presse livrée à une faction, qu'une des minorités les plus orageuses et les plus difficiles.

La Providence a mieux jugé que les hommes, et ses voies sont admirables !

. . . .

Sachons espérer et attendre ; respectons l'ouvrage de la Providence ; ne cherchons pas à hâter, par d'imprudens efforts, ce travail salutaire des évènemens dont nous voyons aujourd'hui le miracle ; que rien d'humain ne vienne contrarier la marche admirable des choses ; nos principes triompheront par les effets pernicieux des principes con-

Maintenant que s'est éteinte ou assoupie la puissance du fait, en même temps s'efface et s'évanouit le pouvoir de fait.

Si bien qu'en osant s'exercer, nulle foi, nul respect ne serait porté à ses actes.

Si bien qu'en le laissant s'exercer, quelque titre, quelque droit semblerait acquis pour d'autres actes.

Certes, au milieu de tant d'écueils, de périls, il n'y a qu'à chercher un asile, un abri, dans le principe de l'omnipotence parlementaire.

Il n'importe que ce soit au sujet même de l'altération d'un des pouvoirs : ce n'est rien que les difficultés qui se rencontrent alors, en face des impossibilités qui se retrouveraient autrement.

L'Angleterre en porte la preuve, en montre l'exemple : personne n'ayant songé à dénier à une chambre le pouvoir de s'organiser, à renier à l'autre le droit d'y intervenir.

Qu'on se tienne en paix, et en Angleterre, et en France.

---

traires; et ce triomphe est d'autant plus beau, que la force toute seule de ces principes agit aujourd'hui dans la société; une sagesse plus grande, plus élevée que la nôtre fait maintenant notre travail. Sachons comprendre et adorer cette sagesse suprême qui se manifeste d'une manière si frappante; aidons-la dans ses voies, c'est le devoir de tous les gens de bien : mais hors de ses voies, abstenons-nous d'intervenir. Laissons passer la justice de Dieu ! (*Gazette*, 12 avril 1831.)

C'est un pouvoir, c'est un droit légalement exhorbitant, même logiquement extravagant. On ne peut dire le contraire.

Eh ! laissez-le aller, laissez-le faire : il n'ira pas seul ; seul il ne fera rien.

Même aux temps sauvages et barbares, ou dans l'ère despotique et fanatique, l'homme en tête, le chef de l'État est asservi à certaines lois de l'ordre moral.

Peut-être fait-il tout ce qu'il veut : mais il ne veut pas seulement de sa volonté privée ; il veut aussi de la volonté publique.

Alors même que les actes s'exercent dans la plénitude du pouvoir absolu, les sentimens qui dictent les actes ne sont pas inspirés dans l'isolement du libre arbitre.

Il y a du moral dans l'homme : rien ne le sauve de l'influence de ses semblables.

Parfois, il tente à s'en préserver, à s'en garantir, au moyen des baillons de la censure, des verroux et des échafauds.

Il se débat en vain : sa force propre s'use et s'épuise dans la résistance, par la violence : et l'influence agit cependant ; l'influence le pénètre, le dompte enfin.

C'est ce qu'on appelle, imaginant un mot pour rendre un effet incompréhensible : la force des choses.

Patience donc ! Le laps de temps met à fin, tout.

En Angleterre, en France, les chambres des pairs s'assoupliront, se résigneront avant peu.

Car, il le faut.

La chambre des pairs est libre vis-à-vis l'autre chambre et la couronne, pouvoirs créés, enfantés.

Comme elle est soumise devant la force des choses, devant la nécessité, puissances increéés, innées.

Elle commande au présent; elle est commandée par l'avenir.

Ici les choses sont à prendre de haut.

Dès-lors que le sens vient à prévaloir sur le sentiment, on reconnaît la puissance du fait; par cela seul que le fait est, et qu'ayant un être, il a une action.

Mais ceci doit s'observer.

La puissance du fait est de l'ordre négatif, n'est pas de l'ordre positif.

D'une part, il lui est donné de fermer, de clore, au moins pour du temps, l'ère antérieure, l'ordre précédent; après avoir lutté contre, après en avoir triomphé.

D'autre part, il lui incombe d'ouvrir, d'aplanir des voies larges et faciles, à l'invasion du fait en sens contraire : qui, de même, terminera l'ère qu'il a commencé, et abattra l'ordre qu'il a établi.

De ce que la chance long-temps équivoque et incertaine, s'est réalisée au moyen d'une révolution ; toute autre chance que couvent déjà ou que conçoivent bientôt les temps, est d'autant plus en passe de se réaliser aussi.

Quand le cèdre est tombé sous le bras des passions, le doigt du caprice suffit à briser l'hysope.

Nous en sommes là.

Ici, rien ou si peu que rien à espérer : là, tout à craindre

Le présent dit-on, est gros de l'avenir : le présent actuel est gros de mille et mille avenirs contingens.

Encore, il y a quelque chose au-dessus de ces éventualités, dont, au reste il se peut qu'aucune ne s'effectue.

Peut-être l'ordre des choses n'est point menacé d'attaques de vive force ; mais il est sourdement miné par un vice radical.

Quant à son existence, on pourrait parler d'impossibilités, d'incompatibilités.

Comme si le fait créateur, ayant consommé dans l'acte, son fonds de puissance , avait laissé son œuvre à l'état d'impuissance ;

Comme si l'accouchement subit et laborieux outre mesure, s'était terminé par l'avortement.

Or, écoutez ceci, puisque vous ne voyez pas.

La révolution à la fois involontaire, intempestive, inconsidérée, a porté des suites à peu près obligées.

Irait-on dire à ses gens et agens : *Qu'êtes-vous?*

La classe moyenne, répondent-ils. Alors, gardez de vous installer seuls au fait ; ne tentez pas d'asservir la classe au-dessous, d'éliminer la classe au-dessus.

La classe intermédiaire, ajoutent-ils. Retenez-vous donc de franchir trop de degrés; ne prétendez pas élever , étendre votre pouvoir sur tout l'horison social.

Car, vous ne seriez plus ni la classe moyenne, ni la classe intermédiaire , dont la magie consistait à se rapprocher d'un bord par les lumières, à se rattacher de l'autre, par les intérêts.

Vous ne seriez plus ce que vous étiez ; vous ne resteriez pas ce que vous êtes.

Rien que la hache de la convention , ou le sabre de l'empire, sont en force de maintenir cet état contre nature : et vous n'avez ni le bras , ni la tête , ni le cœur.

Revenez plutôt à vous-même.

Concevez d'abord qu'une société, quel que soit son mode ou son titre, ne peut s'établir, s'affermir, tant que la masse dissidente est considérable en moyens de toute sorte.

Les ilotes de Sparte étaient abattus , avilis , écrasés; au lieu que les ilotes de France possèdent la fortune , l'influence.

Il n'y aura paix ni calme, ordre ni règle, qu'après qu'ils seront rentrés dans la cité , sauf à les expulser du pays.

Et, pour parvenir à cette fin , il ne faudrait pas

poursuivre leur existence par le soupçon et les défiances, par l'injure et les calomnies.

Il faudrait, au contraire, ouvrir devant leur existence, des voies à la fois honorables et utiles, où il y eût à servir sa patrie, sans s'asservir au prince.

Comprenez ensuite qu'une révolution, en quelque façon qu'elle ait lieu, porte à chaque individu, la conscience souvent enflée de son mérite, et la connaissance trop bien fondée de sa force.

Qu'en outre, elle excite les masses à l'envie, à la haine contre ceux qui en tirent profit, et leur suscite l'espérance, la certitude du succès, par l'exemple qu'ils en ont donné eux-mêmes.

On est, on reste sous le coup, qui ne peut manquer d'atteindre tôt ou tard, non-seulement renversant le pouvoir, mais encore bouleversant l'ordre social.

La révolution de 1789 en présente l'image, ayant passé de classe en classe, jusqu'à la dernière.

Et il n'est moyen de prévenir ou d'amortir le coup fatal, qu'en s'occupant des besoins du peuple, en lui fournissant du travail, en le libérant des entraves et des charges.

Qu'en établissant des sièges d'administration plus voisins des êtres, plus aptes aux lieux.

Qu'on y songe. Autrement, la France et l'Europe même, sont menacées de voir s'ouvrir une ère encore inouïe :

L'ère de la dissolution sociale, de la subversion des choses, de l'extermination des hommes.

Le droit, le fait ont été exposés. La chambre
des pairs peut et doit.

Pour se sauver, qu'elle soit forte ; pour nous
sauver, qu'elle soit sage. Rien de plus, rien de
moins.

Il faut oser. On n'est censé valoir qu'autant
qu'on se fait valoir.

Devant qui veut, nul ne veut : je ne sais quel
instinct se disant qu'il y a derrière la volonté, et
de la raison, et de la force.

Deux points importent fort et se rallient. Ce-
lui-ci de valeur absolue, celui-là d'un prix rela-
tif : la patrie, la pairie.

Dans l'état actuel, dès long-temps il n'y a point
de patrie ; avant peu il n'y aura plus de pairie.

Un seul moyen, un moyen unique s'offre au
retour, à l'appui de l'une et de l'autre.

Étant énergique et par conséquent répugnant,
il n'est laissé qu'a l'occasion appropriée, de le
mettre en vogue, en exercice.

L'occasion existe : si elle n'est pas saisie, on ne
la retrouvera plus.

Il n'y a qu'un cri ; cri uniforme, universel, que
soufflent à la fois, et le sentiment choqué de l'ab-
surdité des conceptions, et la raison frappée de
la nullité des argumentations.

Dans les débats sur la pairie, chacun a pulvérisé les systèmes contraires, aucun n'a tenu son système à l'abri de la foudre.

Il y a encore des volontés; celles-ci inspirées par le patriotisme; celles-là suscitées par l'égoïsme.

Il n'y a point d'opinions, point de convictions qui prennent repos, qui s'attendent au succès.

Au sein des embarras inextricables, des anxiétés interminables, on n'aspire qu'à vivre au jour le jour; on se borne à replâtrer les brèches avec du sable ou de la boue.

Quel lendemain, quel reveil s'apprêtent, s'avancent!

C'est que le possible, le compatible est un : et n'osant pas l'entendre, l'entreprendre, on s'est rejeté dans la sphère illimitée des impossibilités, des incompatibiltés.

Il en a été dit assez, pour qui sait et veut comprendre; trop pour les autres, pour tous à peu près.

Enfin, au terme fatal, à cette époque dernière, à l'échéance de la responsabilité des consciences, et de la compromission des existences, peut-être faut-il espérer.

Les choses en sont à ce point, qu'en quelque façon que s'effectue le remaniement de la pairie, le plus frêle souffle, la plus mince vague suffit à ébranler, à abattre l'édifice à raz terre.

Il y a péril certain dans la demeure : autrement , il n'y a que risques douteux, il y a même chances probables.

Et par delà , par dessus sans doute les intérêts de la pairie , se présentent les intérêts. de la patrie.

De plus , le temps qui conçoit sous le coup des nécessités, et jette tôt ou tard les fruits de cette alliance, ne peut tarder à mettre au jour son œuvre.

Avec cette différence toutefois, que l'acte vainement contrarié doit s'opérer à travers des crises formidables.

Certes, les provinces naîtront enfin : cet état d'é-thisie, de marasme, où languit la société, cet état de doute et de crainte où s'agite le pouvoir, aident le mouvement, hâtent le moment.

Ce serait à la chambre des pairs, à prendre l'initiative sur le temps.

Au reste, il ne lui appartient que de creuser les fondemens, que de tracer les constructions.

Politiquement, l'institution des provinces ne s'opère pas d'un trait de plume; moralement, elle rencontre jusqu'à présent des obstacles difficiles à vaincre.

Car dans un système représentatif, où la classe dite moyenne, parle seule, agit seule , il n'est point à faire état, ni de l'importance de la classe au-dessus, ni de l'immensité de la classe au-dessous.

Quant à cette classe, bien que le sentiment instinctif, bien que les conséquences rationelles la poussent dans le même sens, les passions de haine, d'envie, de méfiance, les débordent, l'emportent.

On craint de perdre le pouvoir ; on préfère encore que le pouvoir se perde.

Les temps, les faits en auront raison.

Qu'est-ce donc que les provinces? C'est ce que doit apprendre l'acte émané de la chambre des pairs.

Elle peut choisir entre les modes présentés par le *National* et le *Commerce* : tendant à confier la nomination ou la désignation des pairs, à une fraction des contribuables les plus imposés, en collège de département ;

Ou entre les modes, dont l'un, exposé par le rapporteur, en donne la mission aux conseils généraux électifs, par ressort de cour royale ; dont l'autre, proposé par un orateur, rallie cette opération au système communal et départemental(1).

---

(1) « Si vous réduisiez le cens électoral, si vous renon-
« ciez à toute condition d'éligibilité, une seconde chambre
« inamovible choisie sur des listes de candidats, assujétis à
« un cens plus fort et présentés par des collèges payant
« aussi un cens plus fort ; une telle chambre représenterait
« la classe des propriétaires la plus élevée, c'est-à-dire la
« mieux disposée en faveur du gouvernement. » (*Le National*, 12 août.)

Qu'on fasse ou ceci, ou cela, ou même toute autre chose, cette haute vérité n'en sera pas moins reconnue et constatée :

Que la grande propriété a droit à la présomption de sagesse et à la participation au pouvoir; qu'elle a plus de motifs, comme aussi plus de moyens, pour le maintien de l'ordre social, et par suite, pour le soutien des classes laborieuses.

Et qu'à l'aide de l'élection à deux degrés, qui se prête à un appel plus étendu, tout individu libre de ses faits, est admis dans la cité, est appelé à veiller sur ses intérêts; non sans se tromper d'abord et souvent dans ses choix ; mais aussi non sans s'éclairer et revenir de ses erreurs.

Voilà pourquoi il y aura des provinces.

Voilà comment il surviendra une patrie.

Ensuite, M. Bérenger dans son rapport, a parlé de la désignation par les conseils-généraux réunis au chef-lieu des cours royales.

Et M. Daunou s'est élevé contre la répugnance au sujet de l'élection à deux degrés.

Et M. Barrot a jeté l'idée de se servir de l'organisation municipale et départementale.

Enfin, M. Mérilhou a présenté un projet de candidature renfermé sous la limite des catégories.

Ici, le *Journal du Commerce* a fort bien exposé qu'on pourrait faire nommer les candidats par les contribuables les plus imposés, dans la proportion d'un sur deux cents ames, en les réunissant en collèges de département.

Un mot dit tout.

Le soleil éteint, plus de rayons : la source tarie, plus de ruisseaux.

Déjà la pairie était pâle et terne, alors même que la royauté remontait sur l'horizon, et reprenait de l'éclat.

Maintenant que l'astre est enfoui sous les ténèbres, la lumière expire au foyer, se retire de la sphère.

La pairie sortit du néant, à la voix de cette royauté qui est rentrée dans le néant.

La pairie fut ralliée, fut comme roulée autour du vieux pivot de la pairie féodale, qui s'est fondu sous le coup de la foudre.

De plus, soit peur, soit pudeur, la pairie est restée neutre, nulle : s'abstenant de défendre celui dont elle tenait la vie, ne s'aventurant pas à aider ceux qui la menaçaient de mort.

La pairie n'est plus ; et parce qu'elle surgit d'un principe maintenant répudié ; et parce qu'elle s'appuyait sur un système maintenant écroulé.

La pairie n'est plus , parce qu'elle ne s'est point mêlée de la révolution, parce qu'elle n'est point adaptée à la révolution.

Tristes gens ! Le temps les servait à souhait ; le fruit , non sans passer par des phases diverses, mûrissait à coup sûr et leur tombait dans la main, lorsqu'ils l'ont arraché avec violence, ébranlant l'arbre jusqu'en ses racines.

Grace à leurs soins assidus, l'autorité a été mise à nu, mise à bas; et alors qu'elle est tombée dans la boue, la voyant à leur portée, ils tentent de la saisir; et après qu'elle est foulée sous les pieds, ils avancent la main, s'imaginant la relever , la rétablir.

Non, jamais ! L'autorité est morte : l'autorité ne sera pas ressuscitée par ceux-là qui l'ont tuée.

Qu'on cherche ailleurs des moyens d'ordre, des élémens de calme; qu'on organise la liberté, pour obtenir la force, pour garantir la paix, pour fonder l'intérêt public sur l'intérêt privé.

Rien que la liberté, dûment réglée, et convenablement répartie, et habilement balancée, n'est capable de consolider la société.

Et la royauté, telle qu'elle est ou qu'elle sera, reste : plutôt encore pour occuper le siège prééminent que pour exercer le pouvoir prépondérant.

Et l'aristocratie qui périt par sa faute, qui n'a aucun moyen de se reprendre, change; n'existant plus en vertu de la naissance, existant encore en raison du mérite, de l'influence, de la fortune.

Les existences d'ordre supérieur, à l'un ou l'autre titre, sont ralliées en corps et revêtues de force; moins à l'effet de se défendre elles-mêmes, que dans la vue de maintenir la paix publique, la morale publique, la raison publique, la richesse publique.

Tâche sublime, qu'au rapport constant de l'histoire, elles seules sont en état de remplir.

De là, l'institution des Etats provinciaux, sous une forme large et par le mode d'élection à deux degrés, avec une étendue considérable d'attributions.

Car, au lieu que les opinions sont variables, et ici indolentes, ailleurs turbulentes, les intérêts englobent la généralité, tendent à la fixité.

Car, au lieu que les opinions s'égarent et se contrarient, les intérêts sont habiles à s'éclairer, aptes à s'accorder, propres à se laisser gouverner.

Tout est à rebours.

Le pouvoir pèse sur les intérêts, et la patrie échappe au sentiment.

Là, une règle rude et raide s'applique, aux lieux les plus distans, aux cas les plus divers;

Ici, quelqu'ombre frêle, gisant au sein des nues, se laisse à peine apercevoir, et ne sait se faire entendre.

Entre la patrie et ses enfans, entre la cité et ses membres, entre l'Etat et ses sujets, le lien équivalent en force à un fil d'araignée, flotte au hasard et se brise d'un souffle.

D'où, les intérêts se mettent en révolte contre le pouvoir : et manquant d'être guidés, d'être retenus par le sentiment, ils entrent en lutte, et se blessent à merci, et se battent à outrance, au risque de la ruine commune, de leur propre ruine

Il est urgent d'abriter les intérêts contre le pouvoir, de rattacher les sentimens à la patrie

Ce qui s'obtiendra à la fois, en érigeant des sièges intérieurs, inférieurs; où s'exerce le pouvoir plus à propos, moins au hasard; où s'aperçoive la patrie, à tous les jours, par tous les sens.

Les communes urbaines et les cantons ruraux ; les provinces naturelles : voilà le mot.

Ici, et de part et d'autre, arrière les calculs de personnalité, les habitudes de partialité.

Quand il s'agit de la chose, être immuable, incommutable, il n'y a pas à s'occuper de l'homme, existence fragile, éphémère.

Certes, en de tels temps, ceux-là même qui se mettent tant en frais et en peines pour l'organisation de la société, ou ne sont point induits par leur intérêt, ou seront trahis dans leur attente.

Ils auront défriché : d'autres récolteront.

Qu'importe ! *il n'y a que des questions de temps*, a dit *la Quotidienne* (18 mai), cette fois naïve ou sensée.

Si cela est trop vrai, dans les considérations de haute politique, cela est aussi vrai, quant aux oscillations de l'opinion publique.

L'homme changera : la chose restera.

En France, le pouvoir est adonné et comme dévoué à se perdre lui-même.

Laissez agir ses amis, et ne faites point agir ses ennemis.

Les entreprises de violence et de perfidie ne sont compensées, balancées, que par les attaques de la faiblesse et de la folie.

Sachons attendre ; laissons passer la justice de Dieu : ainsi que dit la *Gazette* (12 avril), à son tour naïve ou sensée.

DE L'IMPRIMERIE D'A. PIHAN DELAFOREST,
rue des Noyers, n° 37.

Un mot dit tout.

Le soleil éteint, plus de rayons : la source tarie, plus de ruisseaux.

Déjà la pairie était pâle et terne, alors même que la royauté remontait sur l'horizon, et reprenait de l'éclat.

Maintenant que l'astre est enfoui sous les ténèbres, la lumière expire au foyer, se retire de la sphère.

La pairie sortit du néant, à la voix de cette royauté qui est rentrée dans le néant.

La pairie fut ralliée, fut comme roulée autour du vieux pivot de la pairie féodale, qui s'est fondu sous le coup de la foudre.

De plus, soit peur, soit pudeur, la pairie est restée neutre, nulle : s'abstenant de défendre celui dont elle tenait la vie, ne s'aventurant pas à aider ceux qui la menaçaient de mort.

La pairie n'est plus ; et parce qu'elle surgit d'un principe maintenant répudié ; et parce qu'elle s'appuyait sur un système maintenant écroulé.

La pairie n'est plus, parce qu'elle ne s'est point mêlée de la révolution, parce qu'elle n'est point adaptée à la révolution.

Tristes gens ! Le temps les servait à souhait ; le fruit, non sans passer par des phases diverses, mûrissait à coup sûr et leur tombait dans la main, lorsqu'ils l'ont arraché avec violence, ébranlant l'arbre jusqu'en ses racines.

Grace à leurs soins assidus, l'autorité a été mise à nu, mise à bas ; et alors qu'elle est tombée dans la boue, la voyant à leur portée, ils tentent de la saisir ; et après qu'elle est foulée sous les pieds, ils avancent la main, s'imaginant la relever, la rétablir.

ou ne sont point induits par leur intérêt, ou seront trahis dans leur attente.

Ils auront défriché : d'autres récolteront.

Qu'importe ! *il n'y a que des questions de temps*, a dit *la Quotidienne* (18 mai), cette fois naïve ou sensée.

Si cela est trop vrai, dans les considérations de haute politique, cela est aussi vrai, quant aux oscillations de l'opinion publique.

L'homme changera : la chose restera.

En France, le pouvoir est adonné et comme dévoué à se perdre lui-même.

Laissez agir ses amis, et ne faites point agir ses ennemis.

Les entreprises de violence et de perfidie ne sont compensées, balancées, que par les attaques de la faiblesse et de la folie.

Sachons attendre ; laissons passer la justice de Dieu : ainsi que dit la *Gazette* (12 avril), à son tour naïve ou sensée.

DE L'IMPRIMERIE D'A. PIHAN DELAFOREST,
rue des Noyers, n°. 37.